세탁기를 돌리며

이태문(李泰文)

1999년 《시세계》 등단.
2000년 《시문학》, 《문학마을》, 《시와 창작》에도 작품활동
1965년 구로동 출생. 동구로 초등학교와 구로중학교를 거쳐 관악고등학교 졸업. 연세대학교 국어국문학과와 동대학원 박사과정 수료
일본문부성 국비장학생으로 1997년 도일
도쿄외국어대학 대학원 석사과정 수료. 동대학원 외국인연구자, 일본여행문화연구소 공동연구원을 거쳐 게이오대학, 니혼대학, 오쓰마여자대학, 무사시노대학 등에서 한국어와 한국문화 강의.
번역서 『백화점』, 『박람회』, 『운동회』 등

오련이시학 기획시선 ㉛
세탁기를 돌리며

초판 1쇄 인쇄일 · 2014년 11월 10일
초판 1쇄 발행일 · 2014년 11월 23일

지은이 | 이태문
펴낸이 | 노정자
펴낸곳 | 도서출판 고요아침
편　집 | 송지훈
인　쇄 | S&S

출판등록 2002년 8월 1일 제 1-3094호
120-814 서울시 서대문구 북가좌동 328-2 동화빌라 102호
전　화 | 02-302-3194~5
팩　스 | 02-302-3198
E-mail | goyoachim@hanmail.net
홈페이지 | www.goyoachim.com
인터넷몰 | www.dabook.net

*책 가격은 뒤표지에 표시되어 있습니다.
*이 책의 판권은 지은이와 고요아침에 있습니다.
　이 책 내용의 전부 또는 일부를 재사용하려면 반드시 양측의 서면 동의를 받아야 합니다.

ISBN 978-89-6039-667-8(04810)

ⓒ 이태문 2014

열린시학 기획시선 ㉘

세탁기를 돌리며

이태문 시집

고요아침

■ 시인의 말

나는 어떤 옷을 입고 맞이 할까 설렌다.

추수가 끝난 들녁을 바라보는 마음이 허전함보다 흐뭇함에 가득 넘치는 것은 땀 흘려 거둔 곡식이 가져다 준 선물일지도. 가는 '가을'이 아쉽기보다는 다가올 '가을'이 기다려지는 건 또 다시 땀 흘릴 수 있다는 축복 때문일 것이다.

올해 10월은 나에게 여러 빛깔로 다가 왔다.

1997년 10월 1일 나리타공항에 첫발을 내딛고 시작한 일본생활, '이방인'의 고독함은 미뤄 뒀던 '시'를 다시 껴안았으며, 1999년 딸 '고은'의 출생과 더불어 그해 '시세계'와 이듬해 '시문학'으로 등단의 기쁨까지 맛보았다.

이 가을, 결실의 계절이라는 말을 빌리지 않아도 50살 문턱을 넘어선 2014년, 결혼 20주년인 10월에 잘 영근 열매는 아니더라도 울퉁불퉁 못난 대로 내 흔적을 세상에 선보여야겠다고 결심했다. 그 흔적은 30년을 살았던 '구로동'의 원풍경과 18년째 살고 있는 '도쿄'의 현풍경이 만나는 자리이다.

일본 대학에서 영화 '내 머리 속의 지우개'를 가끔 수업 중에 보여주곤 한다. 누구는 지우고 싶은 기억이 있을지도 모르고, 한편 어떤 이는 생각해 내려고 해도 떠오르지 않는 기억 때문에 괴로워할 수도 있다. 내 시 역시 지우고 싶은 흔적이자 먼 훗날 아무런 기억이 떠오르지 않을 때 들여다볼 그 순간의 감성과 감각에 대한 타임머신이기도 하다.

시는 노래이며 춤이다. 슬픈 노래가 있듯이 흥얼거리는 콧노래도 있는 법이고, 흥에 겨운 어깨춤일 수도 자포자기에 가까운 처절한 몸부림일 수도 있다. 세상에 대한 은유가 꼭 현실 비판이고 삐딱하기만은 아니듯 이 시집에서 토해내고 있는 '은유'는 사실 나에 대한 성찰이자 반성문이며, 나를 위한 응원이다.

나는 세상에 첫선을 보인 내 시집 '세탁기를 돌리며'를 읽으며, 또 다른 엉뚱함을 꿈꿀 수 있었으면 좋겠다. 성찰과 반성, 그리고 응원을 통해 나는 변신하고 싶다. 그래서 새로운 노래와 춤으로 세상과 또 만나고 싶다.

하루 하루가 반복되지만 어제와 같은 오늘이 없듯이 또 기다려지는 내일, 나는 어떤 옷을 입고 맞이할까 설렌다. 다시 찾아줄 '하루'에게 들려줄 내 노래와 춤에 벌써 가슴이 두근거린다. 이제 다시 시작이라는 말이 실감 나는 이 가을, 내 주변의 수많은 인연과 소중한 만남, 그리고 소박한 시간들에게 감사하고 싶다.

더불어 값진 글을 보내 주신 한양대학교 문화콘텐츠학과의 고운기 교수님과 대학 동문 이희숙 작가, 그리고 출판사 고요아침 편집부에게도 진심으로 감사드립니다.

2014.11.
도쿄에서 農旲 이태문(李泰文)

차례

■ 시인의 말 ······4

제1부 구로동 원풍경

두부 종소리 ······ 13

충청도 이보살 ······ 14

비 오는 날 ······ 15

콩나물국 ······ 16

어머니 ······ 18

아버지 ······ 20

장독대와 뚝배기 ······ 21

설 ······ 22

골목 ······ 24

제2부 일본살이

과소비 …… 27

니뽀리 아리랑 …… 28

도쿄타워 …… 29

가볍다 …… 30

이사 …… 31

봄이라면 …… 32

백일몽(白日夢) …… 33

고 이수현 …… 34

한글날 …… 36

이방인 …… 38

열차 …… 39

묵(默) …… 40

길냥이 …… 41

르누와르전을 보고 …… 42

도쿄 번개 …… 44

청소기를 청소하며 …… 46

▍제3부 인연의 향기

연말연시 …… 49

숨 차도 좋다. 네가 보고 싶었다 …… 50

궁금증 …… 52

인연 …… 54

일상 …… 55

향수 …… 56

너는… …… 58

세상 일기 …… 59

돌아보지 마세요 …… 60

길 위에서 그를 만났다 …… 62

주소정리 …… 63

그리워 …… 64

밴드 …… 65

보름달 …… 66

장대비 …… 67

나는 …… 68

친구(親舊) …… 70

그리움 …… 72

제4부 선물 받은 하루

편지 …… 75

새해 …… 76

새벽 · 1 …… 77

새벽 · 2 …… 78

기억의 햇살 …… 79

하루 …… 80

길 …… 82

거리 …… 83

오락(五樂) …… 84

한 칸짜리 맘 …… 85

바람 …… 86

호수 …… 87

금요일 오후 4시 …… 88

커피 · 1 …… 89

커피 · 2 …… 90

커피 · 3 …… 91

새벽향기 …… 92

5 : 55 …… 93

풍덩 …… 94

가을도 인연 …… 95

가을 한 복판 …… 96

겨울 날씨 …… 97

숨바꼭질 …… 98

새 …… 99

매화 …… 100

■ 제5부　시시한 일상

시인 …… 103

목요일 아침 …… 104

보물찾기 …… 105

흔들려 …… 106

같더라 …… 107

그림자 …… 108

기억 …… 109

세탁기를 돌리며 …… 110

빨래 그 후 …… 113

바느질 …… 114

단추 …… 115

이렇게 살란다 …… 116

가을 …… 117

바람이 …… 118

요가 …… 119

지금 …… 120

마라 …… 121

희망 …… 122

리을(梨乙) …… 123

봄앓이 …… 124

봄이 …… 125

4월 …… 126

방성대곡(放聲大哭) …… 127

침침하다 …… 128

장애 …… 129

■ 발문 …… 131　　**고운기(한양대 문화콘텐츠학과 교수)**

■ 촌평 …… 141　　**이희숙(블로그 '느티나무와 꽃사과' 작가)**

1

구로동 원풍경

두부 종소리

마른 기침보다 먼저 다가선 새벽
여느 때와 같은 종소리로 여는 아침
두터운 이불 밖으로 하루를 내민다

간장 쳐진 비짓국, 철문이 걷히고
이윽고 콩나물 아저씨 오토바이가
새록새록 하루에 듬뿍 보태진다

건전지를 먹어야만 웅웅거리는
라디오 소리에 맞춰 두부들은
한 모씩 제각기 흩어진다

구로4동 오늘 아침도 콩나물국
모자라는 새벽을 나눈 듯 두부가
보태지면서 시작하는 아침이다

내 게으름이 새벽을 잃어버린
요즈음 깡마른 할아버지의 종소리
그 마른 걸음이 잠을 털어준다

* 『시세계』 1999년 봄호(제9권 통권 23호)에 발표

충청도 이보살

다방보다 더 많은 빨간 십자가
그보다 더 많은 만신 깃발이
펄럭이던 시절 징과 장구 소리는
일상이며, 풍경이다. 낮은 몸으로
우는 꼬마 부처를 보듬은 탓에
들어선 길, 그 덕에 도배집 둘째
아들도, 절름발이 말구루마 아줌마
동생도 강물을 건널 수 있었다.
만신의 목을 타고, 다리를 빌려
구로 4동은 부활한다. 아직 식지
않은 이웃들을 만난다. 시루떡처럼
여기는 신이 쉬어가는 나즈막한 땅
그러한 사람들의 살풀이굿이다.

* 『시문학』 2000년 1월호(제30권 통권 342호)에 발표

비 오는 날

오랜만에 시끄럽다
벌겋게 달아오른 슬라브 지붕이
피식 멋쩍은 웃음소리를 내며
모처럼의 평등에 감사한다
대문 있는 집도 구호주택 미닫이 홑문도
그저 빗소리에 맞춰 칭얼거릴 뿐

* 『시문학』 2000년 1월호(제30권 통권 342호)에 발표

콩나물국

　어제 또 연탄가스로 도배집 아저씨가 돌아가셨다.

　꽃무늬(花文) 벽지 위 손때들이 화투처럼 반질거리고, 아랫목 때때이불도 꽃밭처럼 무성한 겨울 아침

　"두부 한 모랑 콩나물 50원어치 사 와. 돈은 나중에 드린다고 하고"

　구멍가게 철문을 떼기 무섭게 외상 같은 하루는 고만고만한 크기로 시작됐고, 철 지난 신문 속 각하의 구겨진 얼굴에 콩나물은 덤처럼 실린다.

　모퉁이 턱 빠진 앉은뱅이 밥상 위로 묵은지 곁들인 콩나물국 오르면서 겨울잠의 본능도 비로소 꿈틀거린다.

　빛 바랜 젓가락과 목 비틀어진 숟가락이 분주해지면서 식구(食口)들 말수도 적어진다.

왼쪽 가슴 손수건으로 연신 흐르는 콧물 닦던 동구로국민학교 1학년 때, 콩나물 머릿수만큼 많았던 한숨과 투정, 치레들

북풍(北風)에 풀풀거리는 비포장 흙먼지보다 먼저 꿈틀거리는 동네, 찌그러진 냄비 뚜껑 사이로 콩나물 비린내가 살비듬처럼 일어서는 구호주택들

구로동(九老洞) 겨울은 살겹도록 비렸다.

어머니

어느덧 그 자리에
제가 서 있네요.

"진자리 마른자리
갈아 뉘시며
손발이 다 닳도록
고생하시네"

덕분에 편한 자리
손발이 멀쩡한 채
내 자식을 당신의
손주에게 사랑을
붓고 있답니다.

어느새 그 마음을
닮아 가고 있네요.

"푸른 하늘 그보다도
높은 것 같은

푸른 바다 그보다도
넓은 것 같은"

덕분에 파란 마음
훈훈한 향기 속에
내 보물을, 당신의
값진 기억에게 꿈을
심고 있답니다.

당신은 하늘이고
바다였으며, 사랑
그 자체입니다.
나에게 흉내낼 수 없는
끝없는 우주랍니다.

아버지

이삿짐 싸다가 일어나신다
사진 속 하늘색 한복 차림으로
뚜벅뚜벅 걸어나와 웃으시는
소독 냄새 속 약국 모퉁이 돌자
전봇대 옆 나즈막한 미소로
찌개 한 술 퍼먹고 고개 드니
앉으신다 맞은편에서 구수한
담배 내음으로 또 돌아오신다
청량고추의 매운 바람 헤치고
골방 창 너머 따스한 햇살 타고
당신이 신문처럼 찾아오신 날
때밀이 타월 들고 찾는 목욕탕
잘 빨아 말린 넋두리 듣기 전에
긴 여독 탓일까 이불 깔다 보면
어느새 누우신다 함께 꿈나라로

장독대와 뚝배기

인생의 쓴 맛을 보고
미운이에게 매운 맛도
보여줬다면 알 거다

달콤한 인생을 꿈꾸다
싱겁게 끝난 자신에게
싫증난 이는 알겠지

자린고비 내가 나에게
가장 짰구나 싶은 날
비로소 깨우치는 맛

길고 긴 장독대 삭힘과
오랫동안 우러나는 힘
뚝배기 맛은 장맛인걸

설

때때옷 차려 입던 날 어머니
몰래 사먹은 카스테라는 결국
어머니를 아프게 하였고
나를 울게 만들었다

조그마한 내 손
넘쳐나던 하얀 돈들
동그랑땡 햄부침도 더 이상
돌아선 입맛에는 힘겨웠다

아이들 웃음소리 가득한
한길은 점령지일뿐 벌써
색색 장난감들로 요란하다
딱총 콩알총 따발총 소리

내 눈물과 고상한 허기는
어느새 숨바꼭질하고 이렇게
초콜릿 서울우유와 삼립
카스테라로 시작한 그해 설

추운 만큼 더 신난 우리들
영웅, 그 조상님들은 아마
세숫물마저 얼어붙은 그해
꽁꽁 발묶여 오지 않았다

골목

벽이 속삭이는 사이에
바람도 주춤거리고
시간 또한 숨 죽인다

좁아서 맘 편한
오아시스
좁기에 가슴 닿는
아지트

길고양이 마냥
햇살 한 자락 깔고
꿈동산 헤맬까

* 『시세계』 1999년 봄호(제9권 통권 23호)에 발표

2

일본살이

과소비

1엔도 쓰지 않은 날
난 불안해진다. 1엔
어치도 소비하지 않은
날 불안해한다. 과소비한
날이다. 하루를 1엔과도
바꿀 수 없을 만큼 비참한
날, 나는 날 저주한다.
오늘의 운수로 시작한
TV 속의 나는 최고의
행운아여야 한다. 금전운
출세운, 연애운, 건강운
내일의 날씨로 마감하는
나는 매일 흐릴 뿐이다.
내 꿈은 칼라티비처럼
화려하다. 다행히 또
24시간을 과소비했다.

* 『문학마을』 2002년 겨울호(제4권 1호 통권 13호)에 발표

니뽀리 아리랑

동쪽 끝 동경에서도 제일 먼저 해가 뜨는 니뽀리(日暮里)
난 까마귀와 아침을 다툰다. 준비된 혁명을 꿈꾸듯
약속된 하루는 긴장도 없다. 가난한 나라에 와서 다시
가난한 일상으로 침몰하는 수많은 배들, 비행기들 사이로
꽃이 피기도 한다. 죽음을 먹은 듯한 도시, 동경은 벽에
의지한 채 살고 있다. 담도 소리도 없는 동경, 벽만 있을 뿐
고양이의 낮잠에 풍경도 숨죽인 채 발신인 불명의 편지를
기다린다. 사연 없는 무덤 사이로 사꾸라꽃 향기가 웃는다.
핑계 없는 일상 사이로 하루 해는 질 줄 모른다. 사이렌조차
깊은 잠을 깨우질 못한다. 세탁기의 진동음, 이불 터는 소리에
노래 불러본다. 바람마저 기다려지는 동경의 기억, 추억 동경

*『문학마을』2002년 겨울호(제4권 1호 통권 13호)에 발표

도쿄타워

오늘도 나는 연애한다
58년 누님과의 지루박
밀고 당기는 욕망 속에
불이 댕긴다. 눈이 부신
한낮의 정사 대신 깜박
정신 놓는 유혹이라서
발걸음이 더 삼삼하다

가볍다

빠져간다 달마다
숫자만큼 가벼워지는 통장

줄어든다 날마다
그 땀만큼 졸라매는 허리

비어간다 해마다
베푼 만큼 널직해지는 마음

이사

살아도 내 집 같지 않더니
어느새 먼지까지 정겹고
눈 감고 세면대 위 칫솔도
화장실 휴지갈이도 척척인데

은행빚 다 털고서 홀가분해
내집이네 살려하니 딱 반달
오손도손 살림 알뜰살뜰 삶
다음주부터 다시 셋방 살이

봄이라면

눈 하나하나 박혀 있는 겨울을 피해
누워도 설레는 봄으로 도망친다.
자주 건네지도 못한 서툰 말로
저쯤 머뭇거리는 애틋한 변명들
차라리 네가 봄이라면
위태로운 겨울비에 젖어보기도
가끔 배고픈 멍멍이처럼
끙끙 씰룩이며 울어도 본다.
바람이 있어 더욱 또렷한 겨울을 지나
서 있어도 조마조마한 봄으로 뛰어간다.
결국 돌아오지 않을 억센 팔자인데
저만치 멀어져만 가는 어설픈 이유들
그래 내가 겨울이었어
녹지도 않고 얼지도 않는 서툰 겨울이네.

*『문학마을』 2002년 겨울호(제4권 1호 통권 13호)에 발표

백일몽(白日夢)

 따스한 햇살 아래 축축한 뇌를 말려 본다. 풍선처럼 부푼 다리를 걸쳐 놓고 어깨를 짓누르던 짐도 내려 놓고서 찻잔 속 나를 들여다 본다. 공기보다 가벼운 꿈을 타서 마셔 본다. 자동차 연기마냥 풀풀 일어서는 하얀 향기들, 일상의 돌기들이 내 코와 혀를 자극한다. 망설이던 초침이 다시 투덜거리면서 달려가고 서성이던 손끝도 분주해진다. 비릿한 오후가 저만치 쑥스럽게 도망친다.

고 이수현*

후지산 정상보다 더 깊은
신오쿠보역 철로
거기선 바람도 자고
햇살도 취해 있구나

네가 한국인이라는 이유로
난 더 고통스럽다
내가 이씨라는 우연으로
난 더 자랑스럽다

내 무거운 일상을 실은
전차는 침묵했다
투정 반 동정 반
무거운 일본인 입들이
하루종일 종알거린다

감자탕을 먹으러 가던 날
넌 긴 마실을 떠났다
그리고

계산하기도 싫은 속도로
거인이 되어 돌아왔다

정의로운 한국인
영웅적인 죽음
기름이 둥둥 떠 있는
감자탕을 덥히며
널 보낸다.

* 이수현(李秀賢, 1974년 7월 13일 ~ 2001년 1월 26일)은 2001년 1월 26일에 아르바이트 후 귀가 도중, 일본 도쿄 도 신주쿠 구의 신오쿠보 역에서 취객이 반대편 선로상에 추락한 것을 보고 철로에 뛰어들어 구조를 하다가 목숨을 잃은 유학생. 그날 아침 난 전날 한국식당에서 먹고 남은 감자탕을 얻어와 다시 끓여 아침을 먹으려던 참이었다.

* 『문학마을』 2002년 겨울호(제4권 1호 통권 13호)에 발표

한글날

뚜벅뚜벅
가슴에 담은 뜻을
말에 담아 옮기며

똑똑
한 방울 땀에 영그는 보람
어찌 기쁘지 않을까

둥둥
무거워지는 몸과 달리
가벼워지는 욕(慾)이기에

시끌벅적
말도 탈도 많은 삶이
미운 정 고운 정 들고 들어

홍얼홍얼
뜻이 모여 낱말되고
소리 뭉쳐 노래되니

얼씨구
다시 내 앞에 우뚝 선 큰 얼굴
비킬 수 없는 내 삶이여

가나다라마바사
아자차카타파하

이방인

말 건네기 무섭게
달려온 가을이란 놈
숨 돌릴 새도 없이
저만치 줄달음 치고
휑하니 뚫린 가슴엔
한 웅큼 멍만 가득

열차

내 걸음은 완행
급행을 탄 일상
그 사이 그어진
숱한 차선들과
선로들의 비명

애초 유턴조차
금지된 중앙선
알록달록 꿈을
싣고 질주하는
삶의 쾌속열차

덜컹거리는 숨
돌릴 겨를 없이
시작처럼 지금도
앞으로 또 전진
힘차게 내달린다

묵(默)

부우웅 덜컹 탁
백팔번뇌 싣고
달리는 전철 안
더 낮고 깊숙이
자리잡은 보살들

굳게 닫힌 철문
보다 무거운 입
모든 업 해탈한
자비로운 눈들이
무릉도원 꿈꾸는

차창 밖 아침 햇살
부서지는 바람결도
숨죽이는 도솔천(兜率天)
깨달음의 고개짓에
죽비(竹篦)조차 녹슨다

길냥이

오후 두 시 오십 분
묵직한 겨울 햇살을
외투로 화두처럼
내 시선을 가로막는다

딱히 걸 곳 없던
휴대전화로 녀석의
게으름을 담으니
차가운 미소가 새나온다

나처럼 구하지 못한
답(答)이나 뜻조차 모르겠는
문(問)에 빠진 건 아닌 듯
담벼락 가득 탁발승의 보시(布施)

토요일의 번뇌(煩惱)를 독차지한 채
빈그릇을 채우려는 어린 날
물끄러미 노승(老僧)의 해탈(解脫)마냥
중얼거린다. 따뜻하다고.

르누와르전을 보고

선이 춤추고
점이 흐른다
색이 쏟아진다.

눈 덮힌 미술관
뜨거운 심장으로
되살아나는 정열

오늘은 내 피에
붉은 와인을 섞고 싶다.
87년 그 여름처럼

카뉴의 햇살로
영혼을 씻고 싶고
그를 유혹한 바람과
풀과 땅, 숱한 땀내도

류머티즘의 묶인 손이
탐미하던 나부(裸婦)

찬미는 붉은 포도를
뜨거운 피로 숙성시키니

씩씩한 것만으로 뭐가
이뤄질까, 잘 마른 영혼이
활활 타고 솟구치는 피로
F50호 캔버스를 적셔야

오늘밤 편의점 진열대 위
셋째칸 왼쪽에서 아홉번째
지폐 한 장으로 손에 넣은
붉은 와인이 나를 적신다.

도쿄 번개

미련과 기대의 교차로에서 신호 대기하다
파란불로 바뀌는 순간, 몽땅연필이 길어졌다
그러려니와 이래야지를 잘 섞어 빚어내다가
두 손에는 장바구니 대신 어느새 푸짐한 선물

그날 왜 내가 울었는지 아니?
반갑다고 내 마음이 먼저 뛰쳐 나왔지 뭐니
사실 오래전부터 그놈이 손꼽아 기다렸거든
또 자기 볼을 꼬집는 친구를 보고
내가 어찌 안 울고 배기겠어, 난 참을성 없잖아

그날 왜 눈이 내린지는 아니?
저마다 이고 지고 들고 온 짐들 다 내려놓고
하얀 눈밭 위에 새로운 추억 밟으라고
또 양볼 두들기는 눈발에 마음 열고
추억 보따리 안 풀 수 있겠어, 우린 친구잖아

그날이 무슨 날인지 알지?
정월대보름이자 밸런타인데이라 하더라
보름달 미소들을 보자마자 마음까지 환해졌고

고백 아닌 재회, 사랑보다 더 향기로운 우정
발걸음이 달콤했던 이유겠지, 몇 년만이야

아참 미안, 정말 중요한 걸 잊을 뻔했네
내가 기다리는 사람이고 기다려지는 사람인 것에
이제 그리운 것보다 내가 살아있구나를 느끼면서
비틀즈 명곡이 축가로 우리의 추억만들기 BGM으로
들렸다면 너무 뻔한 거짓말일까, 그저 신기해

출발이 헤어짐인 줄 다시 일깨워주는
공항 로비는 왜 그리도 텅하니 넓은지
잘 가라 흔들던 손은 사실 거짓이고 무거웠단다
솔직히 신발들을 숨기고 노선도 모르는 척하고
시간 끌며 장수 계란도 먹고 싶었어, 아쉬울 뿐

아직 난 꿈꾸는 걸까, 맞아 아직 꿈일 거야
모르겠어 글자가 자꾸 젖는다 마구 흔들린다
날아갈까 봐 손에 꼬옥 쥔 2박3일 안 펴고 싶어
오늘따라 겨울밤은 왜 이리도 춥고 긴 걸까
친구야 가끔 숨소리라도 들려주기다, 고마워

청소기를 청소하며

참 골칫거리가 많았나 보다

돌고돌던 롤러를 휘리릭휘릭
감고 껴안고서 놓지 않으려는
머리카락을 겨우 떼어 놓는다

이 녀석도 미련이 남았을까

자그마한 흡입구 가장자리부터
켜켜이 자리잡은 솜털같은 먼지
묵은 고집 부리며 떼를 쓴다

게다가 남은 놈들도 아우성친다

잘린 고무줄, 갈 곳 잃은 우표
깨진 단추 조각, 찢어진 가격표
굽은 압정 대가리, 과자 은박지
부러진 이쑤시개와 마른 밥알들

정작 청소할 곳 다 치우지 못한 채

세 식구 몫의 얽힌 머리카락 풀고
석달 분의 쌓인 먼지 털어내면서
저녁 찬거리 생각에 맘이 급하다

＃ 3

인연의 향기

연말연시

오물오물 곶감 빼먹듯 달려온
내 안에 너무나 많은 미련들
내 속에 한가득 자리잡은 욕심

웅성웅성 접시 깨진 것도 아닌데
내 안의 아쉬움들이 꿈틀거리고
내 속의 그리움들이 들썩거린다

엉거주춤 군것질도 밥 때도 아닌데
내 안에 시장한 호기심이 지친 듯
내 속에 허기진 오지랖도 나른한지

살랑살랑 불어대는 추억의 면죄부
면벽(面壁)하던 내 영혼이 되뇌인다
"파도만 봤을 뿐, 바람은 보지 못했다."

숨 차도 좋다. 네가 보고 싶었다
관악고 8회 졸업 30주년 홈커밍데이를 맞이해

이 나이에 숨 차도 좋다
배가 좀 출렁거리면 어때
어제 마신 술독이 덜 풀리고
먼길 달려온 여독이 남은들
아침 밥상 마누라 바가지가
노래 소리로 들리는 오늘

참 신기하고 내가 기특하다
우리가 자랑스럽고 뿌듯하다

이 나이에 진땀 흘려도 좋다
주름 늘고 턱선 무너진들 어때
옛사랑이 맨발로 달려올 리가
첫사랑이 한걸음에 뛰어올 리
없어도 좋다, 연줄도 재산도
군번도 힘 못쓰는 우리 아닌가

30년을 훌쩍 넘어 단숨에 달려온
우리는 혈연 지연을 넘은 친구야

이 나이에 냄새 풍겨도 좋다
별명 부르며 욕지거리 어때
졸라맸던 허리띠 넥타이 풀고
마누라 자식 생각 내려놓고서
어깨동무에 '위하여' 건배하자
다시 만난 지금이야말로 복권 당첨

우리의 훈장은 관악, 오늘이 재산이고
자네나 나나 우리 모두 행복일세

이 나이에 눈물 흘려도 좋다
다 털어버리고 맘껏 우는 게 어때
눈물샘 마르기 전에 다시 만나야지
아무렴 드러누울 때까지 또 울자구
기뻐서 우는 눈물은 이렇게 향기롭구나
그러게 친구야 네 눈물 참 따스하다

자네라서 고맙고 우리라서 사랑한다
조만간 길다방 커피라도 한 잔하세

* 2014년 11월 22일 토요일 관악고등학교 대강당에서

궁금증

전화번호가 바뀌고
직장이 바뀌며
주소가 달라지듯이
내 기억들, 그리고 추측이
조금씩 차이가 생긴다

그렇게

배가 나오며
굵어지는 허리며
꺼부정한 자세처럼
우리 추억들, 그리고 기대도
서서히 퇴색하는 것인가

또 그렇게

평수가 넓어지고
자동차도 굴리며
애들도 쑥쑥 자라건만

우리 열정들, 그리고 순수가
점차 숨어들고 마는가

*『시문학』 2000년 1월호(제30권 통권 342호)에 발표

인연

알까 무늬에게 들어보면
아니 색깔에게 물어보자
알 지도 모르니까 그래
그 사람 왔었냐고 여기에

일상

바람 가르며
햇살 헤치고
미끄러지듯
앞으로 조금씩
또 나아간다

향수

누굴 닮았을까
정체가 무엇인지
어디서 온 것인가
어떻게 생겨먹은
놈이기에 그럴까

땅을 닮았다면
하늘을 옮겼다면
어떤 빛깔일까

죽음을 그리워한다면
삶을 사랑한다면
무슨 소리일까

나를 담아 빚어낸
향수가 피어난다.
꽃보다 짙은 좌절과
희망이 퍼져간다.

나를 삭혀 우려낸
향수가 노래한다.
피보다 고된 사랑과
배신이 묻어난다.

향기를 밟고
향기를 쳐다보며
향기를 노래하고
향기를 읊고 싶다.

난 지금
깊은 향수에
빠져 있다.

*『시문학』2000년 1월호(제30권 통권 342호)에 발표

너는…

이름이 가물거리는
기억이 흐릿해지고
추억이 빛 바래는데

내 가슴 속엔 아직
내 머리 속엔 여전히
내 몸 안에는 변함없이

네 눈빛이 반짝이고
네 목소리가 울리고
네 향기가 가득하다

세월에 바랠수록
더 또렷하다

세상 일기

내 허리춤에 불거져 나온 기억
같지 않은 미련들 때문에 늘 내
꿈은 뒤척거린다. 하루도 열 두
때 잠잠히 또아리 튼 채 하루가
또 그렇게 가만히 일어나 가는
꼴을 지켜 봐주지 못한다. 낮은
낮대로 밤은 밤대로 제 각각 할
일을 갖고 태어나고 죽어가건만
내 가슴팍에서 불쑥 뛰쳐나온
밤은 너무 생생하다. 마치 낮에
맛본 1000원어치 8마리의 붕어
빵이 지느러미를 펄럭이며 헤엄
치듯이 내 미련은 자꾸 미끄러져
나아간다.

*『시세계』 1999년 봄호(제9권 통권 23호)에 발표

돌아보지 마세요

바람에 떠밀려
어둠에 휩쓸려
기억에 이끌려
무거운 걸음인걸
알고도 남아요

마른 눈물 다시
필 꽃이 아닌걸
깊이 패인 주름
고인 세월이 더
향기롭다는 걸

누가 모르겠나요
돌아보고 싶은 맘
눈물샘 마른 주름진
얼굴 감추고픈 맘
다 알고도 남아요.

그냥 잰걸음으로 가세요.

바람이 이끄는 대로
어둠이 댕기는 데로
기억이 닿지 않는 곳으로
향기마저 모두 챙기세요.

길 위에서 그를 만났다

나는 작은 하얀꽃
지고 피는 순간들 속에서
다시 지고 또 피는
번뇌와 깨달음들

나는 얕은 물구덩이
마르고 비 내려 다시 차는
물고기 없는 용궁 속을
욕심들이 헤엄친다

나는 이끼 낀 돌
내 살결도 모른 채
그 때깔도 감춘 채
굴림조차 멈추고서

하얀꽃으로 부활하는 윤회는
부드러운 바다 속 바닥 같다
내 얼굴을 기억하는 이끼와
함께, 길고 긴 침묵과 만난다

주소정리

돌리는 다이얼이 없어진 지 얼마
든가 전화기 번호를 누르면서
친구들을 계산한다. 더하기
빼기 정답을 알 수 없다. 합이
얼마인지 친구들의 얼굴이
어렵다. 자꾸 번호와 뒤섞여
흐릿하다. 덧셈 뺄셈에 그래도
강하다고 생각했는데, 추억과
현재를 곱하고, 상처에 희망을
나누다 보니 주소록은 미로가
된다. 이름 하나에 들쳐지는 목
소리, 손가락 끝으로 비로소
이어지는 함성, 주절거림, 침묵,
재잘거림들, 그렇게 분노하고
좌절하고 전망하고 다짐하던
우리들, 삐삐 하나에 전화선
한 가닥으로 얽힌 오늘을 푼다.

*'시세계' 1999년 봄호(제9권 통권 23호)에 발표

그리워

그리다 지우다
다시 써 보기를
몇 번이고 또 적지만

자국 남듯 깊게
패인 그리움은
지워도 더 향기롭다

그 마음 읽으려다가
이 마음 노래하다가
그만 그리워지고 만다

눈 감고 외울 만큼
입 막고 외칠 정도
덮어도 더 강렬하다

그러니
그리워서 더 외우고
그리워도 또 외운다

*'시와 창작'2013년 12월호(창간 1호)에 발표

밴드

너 알지?
상처 없는데도
밴드 붙이고 싶은 거
그래서 동정받고 싶잖아

너 아니?
상처 입었는데도
붙일 밴드가 없을 때
그래도 아파 말 못하는 맘

넌 알거야
밴드는 상처를 낫게 해
주는 게 아니라 잘
보호해 준다는 걸

넌 알겠지
가끔 밴드 떼고 바람 쐬어
상처가 나누고픈 얘기에
쫑긋 귀 기울일 줄

보름달

기울면 채우고
넘치면 쏟아내
언제나 둥글게
어루고 달래며
보듬고 껴안고

장대비

내리다 지칠 만한데
소리치다 목 쉴 텐데
두들기다 멍 들지도

그래도

비는 줄곧 내린다
하염없이 아우성치고
처절히도 두들겨댄다

무엇이

그리 그리운 걸까
전해주고 싶은 걸까
그토록 미운 것일까

나는

썩어야 향기 나는
묵어야 맛이 나는
그런 삶도 있는걸

이끼 낀 바위가 더
단단한 이유는 뭘까

낙엽 뚫고 고개 미는
버섯도 태풍에 멀쩡

구정물 속 피어나는
연꽃이 온화한 까닭

비바람 벗삼아 나를
버린 곶감이 그렇고

설날 삭혀 만든 식혜
얼마나 군침 고였고

쉰내 풀풀 나는 김치
문드러져도 김치일뿐

밥상 위 된장찌개는
곰팡이로 거듭났다

저승꽃 가득 주름진
얼굴의 화사한 온기

그래야 거름되고 기름져
그래서 새 생명 태어나니
그런 게 삶인걸

친구(親舊)

밤새 창밖의 바람은 쉴새없이 아우성치며
지금도 내 기억 속으로 비집고 들어오려고
몸부림친다. 녀석이 날 태워줬고 덕분에 난
오늘을 난도질하다가 더 쪼갤 구석이 없자
자리에서 일어나 서울로 달린다, 아니 날았다.

친구야 아니? 그해 봄날 미친년 머리카락마냥
흐드러지게 핀 진달래꽃보다 네가 더 고운 걸
우뇌 뒷편에서 찾아낸 한 장의 사진, 그 붉은
진달래가 시들지 않은 채 눈 앞에 자리잡다니
날개를 잃고도 달려온 독수리는 그저 신기했다.

내 간에 박힌 털이 어느새 하얀색으로 물들었고
울다가 웃느라 부끄럽게 자리잡은 녀석도 하얗게
눈앞이 깜깜해질수록 머리 속도 새하얘지는 요즈음
25년전 흑백의 추억들이 총천연색으로 부활하고
묵은 먼지를 털자 하얀 속살들이 고개를 내밀었다.

친구야 기쁘지? 색안경 끼고 본 백양로가 시커매도
반백의 머리를 이리저리 굴려봐도 우린 동주형 후배
입을 여니 반짝거리는 기억들이 쏟아지고 귀 기울이면
밀려오는 외침들, 씁쓸한 소식들 와인 속에 풍덩 담아
위하여 마시고, 기꺼이 數多스러운 녀석으로 돌아갔다.

다시 맞은 이 아침, 코끝이 찡해진다. 이선희의 '인연'을
듣는 것도 아닌데 눈시울이 붉어진다. 사실 널 만나 울
뻔했거든, 벗은 색안경 속 여전한 네 눈동자를 보고 웃은
덕분에 털이 더 늘지 않아 마음 놓였는데 추억 빛과 냄새
그리고 노래와 웃음소리가 섞인 폭탄주 탓에 눈물이 난다.

그리움

보는 걸 그리지 못해
생각나는 걸 그리다
보니 당신이네요

누워도 잠들지 못해
책향기에 취해 얼핏
눈뜨니 당신이네요

걷다 길목 찾지 못해
막다른 길 담벼락의
낙서는 당신이네요

한밤 기억하지 못해
애써 떠올린 꿈길 향기
또 당신이었답니다

4

선물 받은 하루

편지

더 적을 낱이 없어서도 아닌데
하고픈 말이 또 기다리고 있는데
왼손 모르게 써 내려간 하얀 숨결
분명 어제도 쓰고 잘 알았던 말들
왜 이리 낯설고 또 어렵기만 할까
내 눈으로 날 읽는 기분이란, 내 귀로
날 듣는다는 게 어색하고 쑥스럽다
지우다 닳아버린 종이구멍 마냥
다시 내 마음에 부는 미련이 줄지어
아우성칠수록 또렷해지는 기억들

새해

아테나가 날려보낸 나비
가난한 언어로 표현해야
향기조차 그려낼 수 없어
직접 달려가 껴안아 주자
춤춘다 나비야 청산 가자

새벽 · 1

내 일상의 시작
내 몸뚱이의 하나
내 마음의 세포로
자리잡은 당신

또 시작되네요.
온몸으로 퍼지고
심장 가득 꿈틀거려요
당신의 향기

두렵기에 설레는
반복 속의 낯설음
그 처음처럼 향긋한
그대라서 좋아요

새벽 · 2

물 먹은 솜마냥
하루로 흠뻑 젖은
내가 뽀송뽀송
건조되는 이 시간

먼저 깬 머리가
깊이 침몰한 몸을
뒤흔들어 일으켜
하루로 갈아입히고

주인 잘못 만나
고생만 하는 몸에
옹기종기 모인
맑은 이슬 가득 붓고

엄마품의 새벽에서
푸짐한 솜사탕 하루
몸이 머리와 손잡고
신나게 달려간다

기억의 햇살

바로 앞에 쏟아지는
거기 늘 서 있던 것도
모른 채 그냥 지나치고
되돌아 볼 줄만 알지
마냥 쳐다보기만 했지

두 볼 때리는 칼바람 속
발길에 차이는 낙엽은
추억이고 그 여름 미련
두 눈 감아도 보이는 걸
종점에 이르러 후회함은

햇살이 눈부셔라 돌려대
흐릿흐릿 기억 탓으로도
하긴 마른 가을이 갖다준
곱고 투명한 선물인지라
자꾸 기억을 더듬는다

하루

새벽이 묻는다
너도 끌리니?

아침이 되묻는다
너도 그렇구나!

오전이 거든다
나도 그랬거든

점심도 어울린다
나도 궁금했어

오후도 끼어든다
우리 모두 그렇네

저녁이 달려온다
우리 다 그랬구나!

밤이 귀뜸해 준다

모든 게 그런 걸

드디어
하루가 입을 연다
좋았지 또 올 게

길

구두를 닦듯
마음을 닦고
길을 닦아서
서로 통하죠

거리

걸음이 멈추자 시작
되는 드·라·마

주인공 넘치는 무언극
세포들의 환호와 절규

하나 둘 헤쳐 모인 햇살
바람까지 향기를 바른다

오락(五樂)

내 후각을 믿는다
내 청각을 따른다
내 시각을 사랑한다

내 감각이 춤춘다
내 미각이 노래한다

한 칸짜리 맘

비켜 앉아 누군가 피로를
풀 수 있다면 잠깐의 평화
누린다면야 기꺼이 좁히고
내 마음 한 칸 빌려 주련만

다가 앉아 누군가 추위를
풀 수 있다면 잠깐의 온기
느낀다면야 선뜻 껴안고서
내 맘 한 웅큼 쥐어 주련만

바꿔 앉아 누군가 고통을
덜 수 있다면 잠깐의 위로
받는다면야 먼저 일어나서
내 마음 텅 비워 던져 주련만

일상의 무게에 짓눌린 채
인연의 업보에 얽히고 설켜
끝없이 침몰하는 하루 속에
한 칸짜리 방은 점점 좁아질 뿐

바람

유리창 사이로
나랑 가로등만이
숨 죽인 채 꼼짝
않고 들여다본다.

마른 가지 춤추고
햇살조차 살랑대자
꿈꾸던 피로 스르르
가는 눈으로 쳐다본다.

심야방송 같은 오후
시대에 뒤떨어진 빛
바랜 하품에 저 만치
겨울이 바짝 다가온다.

호수
― 스위스 브리엔츠호

고이면 썩는 줄
멈추면 지는 줄
놓으면 잃는 줄
알았다

여기서
고인 시간을 낚고
멈춘 생각이 흐르고
놓은 미련이 가라앉는

호수가 속삭인다
"쉬엄쉬엄 쉬어 가렴"
시간 풀고 생각 늦추고
미련 툭툭 털어내고서

알았다
고여도 깊어지고
멈춰도 움직이고
놓아도 더해가는

금요일 오후 4시

엿가락 마냥 늘어진
햇살에 더듬거리는 기억

몸은 차렷 맘은 열중셧
활자들은 쉬엇 반란이다

실패할 쿠데타임에도
봉기하는 세포들이

차례차례 쓰러진다
하얀 종이에 스며드는 하품

커피 · 1

4컷 만화 같은 하루를 접고
교통카드 같은 금요일 저녁
노점상 같은 술집들을 지나
차례상 같은 커피 한 잔으로
켜켜이 쌓인 먼지 씻어낸다

커피 · 2

스르르 감기는 하루
연신 퍼붓는 일상의
하품 속 옹달샘 찾아
졸업앨범 같은 커피로
한낮의 얼룩을 씻는다

커피 · 3

의문이다. 커피가 날 깨웠나
추억이 커피를 유혹했는지도
보글보글 물 끓는 소리에 들썩
거리는 기억들 속에 떠오른 얼굴
모락모락 피어나는 김 때문에 흐릿
하지만 스르르 스며드는 프림 마냥
내 속으로 녹아드는 그 미소 있어
묵직한 한 잔의 커피로 시작하는
갈색 빛깔의 하루가 그저 향기롭다.

새벽향기

바람만 깨어있는
FM라디오 안테나
조차 전날 여운에
꾸벅꾸벅 느릿한
기지개로 맞이한다

그게 울릴 리 없는 걸
내게 걸 이 없음에도
자꾸 쳐다보는 까닭은
새벽이 외로워서도
당신이 그리워서도

아니다, 마시다 남은
커피의 체온이 사라지기
전에 그 향기를 전하며
어제처럼 설레는 오늘을
얘기하고 싶으니까

5 : 55

하루종일 쏟아지는
방정식 같은 편견들
그나마 고개 쳐드는
호기심들이 있기에
5시 55분 행복하다
밀물처럼 행진한다
이불 밖도 따뜻하다

풍덩

손끝부터 물드는
파란 떨림들
표절하고 싶다

눈으로 파고드는
시리도록 파랑
번역하고 싶다

온 세포가 돋는
파란 오르가슴
섞고 싶은 거로다

파랗게 질린 채
난 가을 속으로
풍덩 뛰어든다

가을도 인연

바람결로 흔들리는 건
나뭇잎만이 아닐진대
숨결로 다시 피어날 게
꽃봉우리만이 아닐테고

봉선화 물든 손톱끝이
가리키는 향기따라
설레는 맘 달래면서
가을 속으로 스며든다

하루를 접으며 피어나는
경이로운 꽃내와 더불어
은은한 그리움이 일어나
애틋한 콧노래를 부른다

가을 한 복판

술래하기 싫다며
가을이 칭얼거린다
평등한 햇살 사이로
저만치 손짓하는 겨울
책갈피보다 더 여윈
초록들도 웅성거리고
물들다 지친 가을자국
밟다가 멍든 하늘이
이리로 마구 쏟아진다

*『시와 창작』 2013년 12월호(창간 1호)에 발표

겨울 날씨

겨드랑 밑 살얼음이 깨지는 기분
바람은 미로 같은 골목길 두루
돌아도 지치지 않은 채 달려오고
조각 햇살조차 꼬집고 싶을 만큼
복스럽고 기특한 지금 의젓함 훌
훌 벗고 알몸이 되고 싶은 오후
몸과 맘, 담장도 외투도 동색(冬色)

숨바꼭질

내 마음의 지문을 남기지 말걸
목소리라도 투명했으면…

새

말할 새도 없이
눈깜짝할 사이
사라져버린 너

잊을 새도 없이
마실 나간 사이
기억으로 간 너

매화

가시없는 장미야
겨울 시샘 속에서
향기조차 참 붉구나
같이 밤 마실 가자

5
시시한 일상

시인

나는 전과자

점찍은 일상이랑
날 유혹한 세상을
훔쳐다 판다

점잖은 삶이랑
날 무시한 시간을
자극해 판다

또 무엇을 슬쩍할까
어떻게 몰래 빼올까

꿈꾸는 장물아비
오늘도 견물생심

난 상습절도범

목요일 아침

빨래 비누 냄새 느껴지는
목요일 아침 피부과 예약
푸짐한 햇살 아래 슬리퍼
발가락 사이로 넉살 좋은
바람 느끼며 거리와 동행
편의점 카운터에 수박바를
핥는 사이에 비집고 들어온
풍경들, 가냘픈 지팡이가
이끄는 대로 정류장에 닿은
할머니가 버스를 포기한 채
택시를 향해 수없이 흔든다
손이 부끄러워질 무렵 오렌지
택시가 엉덩이를 깜빡거리며
낼름낼름 또 하루를 유혹한다

보물찾기

암호 같은 일상
속에서 기억을 짠다

수수께끼 하루
보내며 추억을 뜬다

시험 같은 나를
풀면서 미련을 빚는다

값비싼 하루를
소비하며 배부르다

흔들려

눈물도 흔들린단다
삶은 계란을 먹다가
엄마 지갑 돈으로
카스테라 초코우유
몰래 입에 넣다가
변두리 극장에서 만난
에로 여주인공의 눈물
목이 메였지 오늘처럼
하루도 흔들리는구나

같더라

평탄한 길에서도 걸려 넘어지는 법
조심조심 비탈길에서도 구르는 법
같더라, 넘어지건 구르건
아프더라, 평지건 산길이건
창피하더라, 남이 보든 말든
내가 생각해도 쑥스럽더라
넘어지면 벌떡 일어서고
구르면 또 털어버리고서
걸어가면 되는데도 어느새
약한 맘보다 흙 묻은 옷을
마음의 상처보다 깨진 무릎을
더 부끄러워하더라
길은 같더라
아픔도 같더라
누구나 다 같더라

그림자

빛이 그리워서 그림자
쑥쓰러워서 숨는걸까
내가 넘어져도 굴러도
끝까지 날 지켜주는 놈
멀건 영혼은 늘 흔들려
나보다 먼저 떨다가도
나보다 뒤에 춤추기도
날 감추려다 실패한 날
널 숨기려다 들통난 날
뉘엿뉘엿 붉은 노을 속
고민마냥 길게 눕는다

기억

자물쇠 다시 확인 후
불기 꺼진 거리에서
기억을 만났다.
어제 그 차림으로 또
내게 묻는다. 사랑하냐
말했잖아 몇번이고
언제 아까 그래 응 누가
기억이 듣고 또 듣는다.
잊어버리고 또 잊고 싶어
그래도 잊을 수 없더라.
또 듣고 싶은 말, 다시
묻고 싶은 이유가 뭘까?
그게 사랑이래. 그렇게
사랑하는 거래. 기억하며

세탁기를 돌리며

희망을 빤다. 내 더러운
욕망에 더럽혀진 꿈을
풀어 추억을 돌린다.
전자동이기에 빨
필요없다고 믿는 자존심
마저 돌고 있다.

기억까지 빨 수 있다면
알뜰 코스로 내 현재를
헹굼으로 내 과거를
탈수로 내 미래를

세탁만이 희망이다.
빨래로 구겨진 순결을
다릴 필요가 있을까
오늘은 볕이 좋다
바람마저 불고 있다

빨래하는 날

빨래하지 않아서 후회하는 날
빨래하기에는 너무도 아까운 날
빨래에 말린 빨래 개는 것으로 지날 날
이런 날이 왜 사랑보다 더 안타까울까
내 사랑에 전원을 넣어 육체와 영혼,
게다가 내장까지 꺼내 빨래하고 싶어진다.

시를 세탁할 수 있다면
시인을 빨래할 수 있다면
기억보다 더 선명한
추억보다 더 애틋한
욕망보다 더 강렬한
희망보다 더 설레는
시를 입을 수 있을 텐데

삐이익 삑삑 삐이익
내 손을 떠난 세탁물이 돌아온다.
탈수중에 걸린 시에 햇볕을 부어
넣는다. 빨래의 원시적 축제가 시작된다.

춤을 추고 노래하는
추억을, 희망을, 생명을 유혹하는
빨래에 대한 예의이다.

* 『문학마을』 2002년 겨울호(제4권 제1호 통권 13호)에 발표

빨래 그 후

알록달록 빨래 사이를 비집고
내 일상을 방해하는 햇살이
자꾸 머리 속을 뒤집어 놓는다.
연신 마음 속을 휘저어 놓는다.

크고 작은 글자 사이를 누비며
답안에 점수 매기던 볼펜이
기억 속으로 마구 달린다.
추억을 향해 힘껏 뛰어간다.

감아도 눈부신 이유는 햇살만이
아니고 막아도 들리는 그 까닭은
그리움만이 아니듯 빨래가 뽀송해질수록
내 콧노래는 더욱 신난다.

바느질

톡 찌르는 햇살이 하품하는
날카로운 바람조차 꾸벅꾸벅
시계 분침은 30분을 막 지나
오후 3시로 달려갈 즈음이면
따가운 잔소리도 두루 뭉실한
굵은 뼈마디의 엄마손은 보글
보글 콩나물국마냥 분주하다
묻힐 듯한 금반지의 검지끝에
빵모자처럼 골무 씌운 채 쉴새
없이 아랫목 온기 담은 이불을
꿰맨다 헌옷 댄 찢어진 속옷도
헤진 바지 샅도 구멍난 양말도
잇고 때우고 살겹게 이어주던
바늘이 허리 펴고 한숨 돌리자
성실한 한낮이 차곡차곡 포개져
훈훈한 입김에 길고 긴 겨울밤을
껴안는다.

단추

난 그 자리에
그냥 있는 줄
바람 때문에
노랫소리 타고
달랑거리는 줄

네가 없고 나니
흰바람이 가슴
파고 드는구나
널 잃은 자리에
너 닮은 눈물을

새 단추 달면서
무슨 생각하는지
아니? 너였으면
멍청하게도 내
마음에 달았단다

이렇게 살란다

눈썹 휘날리는 세월이
고단한 숨 고를 때
난 한 눈 팔란다

휘영청 눈부신 달이
그늘 찾아 분주할 때
나는 또 엿볼란다

색동옷 고운 산하(山河)가
붉은 자태 뽐낼 때
난 흠뻑 물들란다

콩 찌는 모락 연기가
황금들판 수놓을 때
난 그 자리 누울란다

가을

누가 가을을 불렀을까

길고 기름진 머리카락
싹뚝 산뜻하게 변신

겹겹이 두터운 여름옷
훌훌 벗어던진 나목(裸木)

투명의 하얀 바캉스로 떠날
가을 맘은 하늘까지 들뜨고

비키니 몸매를 뽐내며 살짝
부끄러운 듯 발그레한 뺨

누가 가을과 함께 떠날래

바람이

손짓하는 가지마다
한웅큼씩 내려앉는
바람은 수다쟁이

아침밥상 반찬 투정
건널목 할배 푸념도
하교길 재잘거림도

나르기 바쁜 바람이
한낮 졸음 가득한
햇살이랑 이바구 중

요가

뮈가 그리도 뒤틀렸을까
구겨진 맘 다리미로 펴고
미련도 후회도 곱게 포개

다리 꼬고 팔 꺾어 몸 틀고
세상 거꾸로 마음 뒤집어
발 잡아 하늘에 맡겨 보니

아픈 게 마음 아닌 녹슨 몸
병든 게 세상 아닌 무딘 몸
내가 비튼 건 뒤틀린 마음

지금

그리고 더 갖고자
그래서 인간이고
그러나 다 사라져
그래도 인생인 걸

마라

가두지 마라
감추지 마라
남기지 마라
말다가 후회
말아라

희망

지금
끌고 있는 게
과거가 아닐련지
등을 미는 건
바로 내일이야

리을(梨乙)

미련이 분다

아쉬움이 인다

그래서 그리움을

만든다

'리을(梨乙)'이란 자모명칭은 조선 중종(中宗) 때 최세진(崔世珍)의 《훈몽자회(訓蒙字會)》(1527)에서 비로소 나타나며, 《훈민정음주해(訓民正音註解)》에서는 "ㄹ ᄮ혀쏘리니 閭령ㆆ字처 펴아 나 소리니라"라고 그 음가를 설명하였다.

봄앓이

봄에게 한눈 팔다
겨울에게 혼난다

산들바람 유혹에
못이겨 깜죽거리다

잔잔한 햇살 따라
마구 마실 쏘다니다

나물 향기에 끌려
발길대로 내맡기다

질긴 고뿔 걸려도
봄이 좋단다 너무

봄이

겨울이 흘린 지갑 속에
고이 담긴 한 장 사진
간밤 꿈 속에서 숨차도록
달린 이유 비로소 알았다

네가 오려고 그랬나 보다
뭐가 녹아 눈물이 되는지
줄곧 궁금했는데 눈 떠 보니
사진 속 너라는 걸 알았다

햇살 가득 미소로 일어나고
땅속 스며들어 향기로 피어
바람에 실려 진한 그리움으로
내 또 너를 사랑할 줄 알았다

간밤 꿈 속에 뿌렸던 씨일까
지난해 심었던 나무 싹일까
내 미련과 기대 짐 꾸려
다시 봄으로 이사 가련다

4월

잔인한 4월을 음모한다
잘게 부서지는 햇살을
무모한 용의자로 내세우고
연두로 물드는 나무를
따스한 공범자로 앞세우고
살랑거리는 봄바람에게
바싹 마른 누명을 씌운다
화사한 4월을 흠모한다
너는 이 봄의 주범이다.

방성대곡(放聲大哭)

수다 떨다 접시 깼다고
그건 단순한 부주의일뿐
말수 적다고 속도 좁을까
그럼 과묵하면 깊어지니

사이렌 울면 심장 떨리고
가슴 울면 나라가 휘청휘청
안내방송 고장나면 안전이
흔들흔들, 무뚝뚝 뉴스앵커

뉴스가 침묵하니 시국이다
축구공처럼 빨강으로 명령
위기상황이 아닌 적 없건만
야구처럼 야유 힘껏 던지고

촛불시위에도 사방은 어둡고
침묵시위는 아우성 가득 차니
개선보다 해체, 원인보다 결과
악어의 눈물은 과연 짭짤할까

침침하다

귀가 침침해진걸까
맘이 침착해진걸지도
더 이상 침울해질 게
없는 침몰하는 사회

나 혼자 침묵하는 동안
정치는 머리통을 침공
경제는 주머니를 침략
문화는 비위를 침탈한다

내 뇌가 침수당했다
내 욕망이 침통하다
내일이 침침한 이유
네 마음이 생중계 되면

벽을 향해 힘껏 던진
달걀이 안 깨진다면
또 엉뚱하게 튄다면
내 탓, 누구 덕분일까

장애

예상밖의 독해문제에
받아쓰기도 서툴러서
듣기 힘든 말투이기에
여전한 소통 장애가

전파가 지쳐 버리고
녹음기도 녹슨 채
연신 졸음에 겨운 종이
연필도 나른해지는

비 오는 수요일에는
빨간고추를 곁들인 부침개
속내가 안 보이는 탁주로
수북이 쌓인 먼지 털기다

■ 발문

가을과 이방(異邦)의 원풍경

고운기(한양대 문화콘텐츠학과 교수)

1

나는 1999년 가을 도쿄로 갔다. 신분은 세이오(慶應)대학 방문연구원. 그러기에 도쿄외대에 재학 중인 이태문 시인에게 가는 길은 약간 멀었다.

그 가을의 스가모(巢鴨)를 나는 선명히 기억한다. 도쿄 북쪽의 가난한 마을, 아니 정확하게는 스가모 전철역에서 도쿄외대로 가자면 거치는 골목길과 시립묘지와 어느 한 풍경을 잊지 못한다.

도쿄에 도착한 다음 주인가, 한 달에 한번 열린다는 조선문학연구회의 발표회가 있는 날, 나는 스가모 역에서 이태문 시인을 만나 도쿄외대를 찾았다. 아직 대낮에는 등줄기에 땀이 맺히는 9월 둘째 주 토요일 막 정오가 지난 시간, 이 도시에서 가장 크다는 시립묘지를 관통해 가자니 한 가운데 선 아름드리 은행나무의 잎들이 조금씩 노랗게 물들어가고 있었다. 아랫동에는 푸르름이 남은 한편, 깊고 그윽한 노란색이 정상부터 조금씩 내려오는 중이었던 것이다.

나는 수령(樹齡)이 좋이 백년은 넘었을 나무 한 그루를 보았고, 가을 햇살에 익을 대로 익어가는 나뭇잎을 보았고, 그리고 한 사람을 만났다.

사에구사 도시카츠(三枝壽勝) 선생의 허락을 받아 청강생 자격으로 목요일마다 대학원 수업에 들어갔다. 그래서 목요일마다 그 나무를 지나가며, 아주 완전히 노랗게 물든 빛나는 황금빛을 가슴 가득 찍곤 했다. 그것은 나에게 다가온 도쿄의 원풍경(原風景)이다.

2

나는 3년간 도쿄외대의 강의실에서 이태문 시인을 만났다. 낯선 도시에서 하필 가을에 출발하는 새로운 생활은 결코 좋지 않다. 적응보다는 부유(浮游)가 먼저이다.

말 건네기 무섭게
달려온 가을이란 놈
숨 돌릴 새도 없이
저만치 줄달음 치고
휑하니 뚫린 가슴엔
한 움큼 멍만 가득
  ―〈이방인〉 전문

그나 나나 이방인이었다. 나보다 먼저 도착하여 살았을 뿐이었다. 그러나 이태문 시인은 도쿄에서 지금도 이방인이다. 휑한 뚫린 가슴으로 가득한 멍을 안은 채 살아간다.

1엔도 쓰지 않은 날

난 불안해진다. 1엔

어치도 소비하지 않은

날 불안해한다. 과소비한

날이다. 하루를 1엔과도

바꿀 수 없을 만큼 비참한

날, 나는 날 저주한다.

―〈과소비〉 전문

1엔도 쓰지 않았다면 한 푼도 쓰지 않은 날인데, 그런 날을 과소비한 날이라 말하는 역설 속에 무엇이 숨었을까. 이방인으로서 유학생이 겪는 고통 속에는 경제적인 것이 크지만, 아낀 것이 돈이라면 돈을 아끼기 위해서 소비해야 하는 다른 무엇이 있다. 아껴야 한다면 아낄 일이라도, 이방인은 거기에 과도한 신경을 쓰지 않을 처지가 못 된다. 돈은 돈 이상의 어떤 무엇을 이방인에게서 과도하게 빼앗아 간다.

그런 세월을, 같은 경험을 해 본 사람으로서 나는 너무 잘 이해할 수 있다.

3

사실 이태문 시인의 도쿄행은 많은 동료들의 축복과

부러움 속에 이루어졌다. 연세대 국문학과와 도쿄외대 조선어과 사이의 협약에 따라 1년에 한 명씩 선발하여 파견하는 국비 유학생이었다. 협약대로만 한다면 1년 반 동안 생활에 충분한 돈을 받으며 나름 유족한 유학생활을 누린다. 그런데 어쩐 계획인지 그는 1년 반의 기간이 끝난 다음 도쿄 잔류를 택했다. 그의 이방인으로서 고통스러운 생활은 그렇게 시작되었다.

이태문 시인은 어린 시절을 서울의 변두리에서 어렵게 보냈다고 한다. 그런 그이기에 경제적 어려움 같은 것은 처음부터 두려움의 대상이 아니었을지 모른다. 국비 지원이 끊기더라도 자립할 여건을 마련한 데다, 1년 반의 시간으로는 해결 못한 공부를 좀 더 당차게 이뤄내고 싶었을 것이다.

벽이 속삭이는 사이에
바람도 주춤거리고
시간 또한 숨 죽인다

좁아서 맘 편한
오아시스
좁기에 가슴 닿는
아지트
길고양이 마냥
햇살 한 자락 깔고

꿈동산 헤맬까

—〈골목〉 전문

좁아서 마음 편한 골목길은 그의 어린 시절에 겪은 바이지만, 바람과 시간조차 주춤거리고 멈추는 공간을 오아시스처럼 여길 용기가 그에게는 있었다. 비록 이방의 좁은 골목에서 길고양이 신세가 되더라도 말이다. 시가 굳이 무엇을 반드시 써야한다는 얽매임이 없다면, 나는 이태문이 이 시집 속에 풀어놓는 이런 시가 먼저 가슴에 울려왔다.

더 적을 난이 없어서도 아닌데
하고픈 말이 또 기다리고 있는데
왼손 모르게 써 내려간 하얀 숨결
분명 어제도 쓰고 잘 알았던 말들
왜 이리 낯설고 또 어렵기만 할까
내 눈으로 날 읽는 기분이란, 내 귀로
날 듣는다는 게 어색하고 쑥스럽다.
지우다 닳아버린 종이구멍 마냥
다시 내 마음에 부는 미련이 줄지어
아우성칠수록 또렷해지는 기억들

—〈편지〉 전문

세월의 풍화(風化)가 기억이라고 하니, 왼손조차 모르

게 써나간 그의 곱디고운 사연이 구체적으로 무엇인지 몰라도, 어색하고 쑥스러운 삶을 떨쳐버리자고 해도 도리어 또렷해지는 옛날 앞에 허둥대는 그의 모습이 생생하게 그려진다.

4

이태문 시인의 일본 생활이 얼추 20년을 향해 가고 있으며, 문단에 시를 선보인 지 10년이 넘었다. 그동안 쓴 시를 모아 한 권의 책을 이루니 그의 감회가 남다를 것이다. 나 또한 그렇다. 바쁜 일상에 치어 시에 전념할 형편이 아니었지만, 노력과 분투를 익히 여기 모인 시편들로 미루어 짐작한다. 표제시로 내건 〈세탁기를 돌리며〉의 한 구절에,

 시를 세탁할 수 있다면
 시인을 빨래할 수 있다면
 기억보다 더 선명한
 추억보다 더 애틋한
 욕망보다 더 강렬한
 희망보다 더 설레는
 시를 입을 수 있을 텐데

라고 노래한 대목에 눈길이 멈추었다. 선명하고 애틋하고 강렬하고 설레는 시를 기다리는 마음이 살아가는 순간마다 오죽했을까. 이 시집의 몇몇 시편이 더러 보여주는 흐드러진 표현에서도 나는 그가 지닌 여유와 재지를 느낄 뿐이다. 그런 마련해서 시와 함께 가는 이방의 삶이 좀 더 윤택해지기 바라면서 말이다.

시는 사람을 가르치려 하지 않는다. 시는 시일뿐이다. 우리는 태어나 숨 쉬며 살면서 크고 늙고 병들어 죽는 과정을 어김없이 거쳐 간다. 이런 순환을 자연스럽게 받아들이면서도 한편으로 분투하지 않으면 안 될 일이 세상에 널려 있다. 시인 또한 그런 과정을 밟기에 그것을 시로 노래하였다. 우리는 이 노래를 들으며 생의 다른 면을 볼 뿐이다.

시를 쓰며 우리는 이런 생각을 한다.

증명할 수 없는 것을 증명하려 떼쓰지 말고, 논리와 사실이 부딪힐 때 너그럽게 논리를 양보하고, 미리 설정된 생각의 틀 안에 세상을 억지로 끼워 넣지 말고, 그 틀 안으로 들어오지 않는 세상의 무질서를 잘라서 내버리지 않으며, 가깝고 작은 것들 속에서 멀고 큰 것을 읽어내는 투시력.

사실 이 말은 김훈의 소설 『공무도하』에 나온 한 대목을 조금 바꿔본 것이다. 떼쓰지 않고, 억지 부리지 말고, 작은 것에서 멀고 큰 것을 읽어낼 지혜ㅡ. 나는 그것이 시를 쓰는 자가 얻어야 할, 얻게 될 선물이라 생각한다.

이는 곧 진정한 의미의 자유로운 영혼이다.

술래하기 싫다며
가을이 칭얼거린다
평등한 햇살 사이로
저만치 손짓하는 겨울
책갈피보다 더 여윈
초록들도 웅성거리고
물들다 지친 가을자국
밟다가 멍든 하늘이
이리로 마구 쏟아진다

―〈가을 한 복판〉 전문

마침 가을 한 복판을 지나며 이 시집이 나온다. 그래서 그런지 이 시가 더욱 절창으로 다가왔다. 도쿄의 유난히 푸른 가을 하늘을 담은 이 시처럼, 우리는 평생 마구 쏟아지는 빛처럼 밝고 맑게 살 일이다.

■ 촌평

마음의 세탁

이희숙(블로그 '느티나무와 꽃사과' 작가)

큰 아이가 떠난 방을 청소하고 오래된 옷을 정리하고 이불 호청과 베갯잎을 벗겨 빨래를 하였다. 이렇게 아이의 큼큼한 자취를 하나둘 흩트러놓고 정리를 해간다.

시간이 흐를수록 애잔했던 마음은 서서히 엷어져가지만 가끔 불쑥 불쑥 생각이 난다.

아침에 일어나 비어있는 아이의 방을 들여다보며 괜스레 아이의 안부를 묻는다.

"애야! 오늘 또 필승!"

이불 호청을 세탁기에 넣고 돌리다가 아침나절 시니어 미디어 『브라보 마이 라이프』지에서 본 이태문 시인의 「세탁기를 돌리며」라는 시 한 편을 떠올렸다.

시인의 감성은 역시 다르다.

느꽃지기는 세탁기를 쓸 때마다 별 생각 없이 그저 이렇게 세탁기 뚜껑을 벌컥 열고 무심히 더러운 빨래 던져놓고 세제 쏟아 붓고 버튼 뻑뻑 누르고 휘익 돌아서기 마련이었는데 시인은 그 세탁기를 돌리며 이렇게 삶의 철학이 깃든 멋진 시를 쏟아냈다.

> 희망을 빤다. 내 더러운
> 욕망에 더럽혀진 꿈을
> 풀어 추억을 돌린다.
> 전자동이기에 빨
> 필요없다고 믿는 자존심

마저 돌고 있다.

기억까지 빨 수 있다면
알뜰 고스로 내 현재를
헹굼으로 내 과거를
탈수로 내 미래를

세탁만이 희망이다.
빨래로 구겨진 순결을
다릴 필요가 있을까
오늘은 볕이 좋다
바람마저 불고 있다

빨래하는 날
빨래하지 않아서 후회하는 날
빨래하기에는 너무도 아까운 날
빨래에 말린 빨래 개는 것으로 지날 날
이런 날이 왜 사랑보다 더 안타까울까
내 사랑에 전원을 넣어 육체와 영혼,
게다가 내장까지 꺼내 빨래하고 싶어진다.
시를 세탁할 수 있다면
시인을 빨래할 수 있다면
기억보다 더 선명한
추억보다 더 애틋한

욕망보다 더 강렬한

희망보다 더 설레는

시를 입을 수 있을 텐데

삐이익 삑삑 삐이익

내 손을 떠난 세탁물이 돌아온다.

탈수중에 걸린 시에 햇볕을 부어

넣는다. 빨래의 원시적 축제가 시작된다.

춤을 추고 노래하는

추억을, 희망을, 생명을 유혹하는

빨래에 대한 예의이다.

「세탁기를 돌리며」 전문

'세탁'이라는 의미

 남긴 오점이며, 소소한 미련이며 잘못된 흔적일랑 빡빡 지우고 씻어내 버리고 완전한 깨끗함으로, 완벽한 무결점으로, 말끔한 새로움으로, 훌훌 털어내 버린 후련함으로 마음이 흐뭇하고 편안해지는 것.

 하지만 요즘 우리 사회에서 '세탁'의 의미는 전혀 다르게 어쩨 구린 냄새가 난다.

 세상이 올곧고 투명할수록, 뒤가 구린 권력자가 아무리 뭔가를 덮고 감추고 지워버리고 말짱하고 보송보송한 원시의 순수함마저 강조하며 시치미를 떼지만…

그 누구라도 은밀하게 위장된 그 '세탁'이라는 용어 뒤에 숨은 거짓과 일그러진 욕망을 읽어낼 수 있다.

반면, 시인에게 있어 '세탁'은 그야말로 마음의 결을 다듬는 과정이다.

시인의 맑은 영혼에 담긴 깨끗한 시들은 읽는 이의 꽉 막힌 감성을 뚫어주고 메마른 마음을 촉촉하게 적셔주는 단비 같은 신비한 치유의 능력이 담겨 있다.

사람들을 감동시키는 한 편의 시가 탄생하기까지 시인이 거치는 마음의 '세탁'을 들여다보았다.

'혁신은 1000번을 '아니고'라고 말하는 데서 시작된다'고 하지 않던가.

관행과 구태의연함과 뻔한 답습이 가져오는 게으른 반복이 아닌 신선하고 정갈함을 갖춘 시들은 감동을 준다.

끊임없이 맑고 새로운 샘물을 길어올리기 위해 세상과 타협하여 찌들고 때 묻고 더럽혀진 찌꺼기들을 버블버블 비누거품에 녹이고 휘휘 돌려 모두 날려버린 다음, 깨끗하고 순수한 고갱이만을 짜내어 내놓는 시인들의 세탁기라…

이를 통과해서 나오는 시는 그야말로 매력적이지 않겠는가.

시를 세탁할 수 있다면
시인을 빨래할 수 있다면
기억보다 더 선명한
추억보다 더 애틋한
욕망보다 더 강렬한
희망보다 더 설레는
시를 입을 수 있을 텐데

  남다른 감성으로 걸러진 깨끗한 시어들이 따스한 햇살의 기운까지 머금어 시인이 마지막으로 내어놓는 따스하고 기분 좋은 보송보송한 시는 시를 읽는 사람들의 마음을 흔들어놓고 감동을 주기 마련이다

삐이익 삑삑 삐이익
내 손을 떠난 세탁물이 돌아온다.
탈수증에 걸린 시에 햇볕을 부어
넣는다. 빨래의 원시적 축제가 시작된다.

  오늘 아침 여기서 마주친 이태문 시인의 시 한편이 흐뭇한 수확이다.

(느꽃지기)